Amour Extrémal

Recueil de Poèmes

Joan AMBU

Conception de Couverture Copyright © 2011 par Joan Ambu
Caricature Copyright © 2008, *Joan Ambu on Mother's Day* par PAM

ISBN: 0-9836996-1-5
ISBN-13: 978-0-9836996-1-3

Library of Congress Control Number: 2011917156

Imprimé aux États-Unis par CreateSpace
North Charleston, South Carolina

Table des Matières

Prologue

Si seulement,
J'avais un instant,
M'arrêter un moment,
Dresser devant moi,
Le portrait de mes expectations,
Sans trop d'exaltations.

Si seulement,
Avec intégrité,
Sans trop d'émoi,
Mon cœur pouvait voir clairement,
Me guider librement,
Vers la porte du Bonheur.

De ma personne,
Libre serais.

Préface

Some love one
Some love two
I love one
And this is you.

C'est ça l'amour pour Joan,

Exclusif, défiant le temps,
Persuasif, un vrai torrent.
Un amour qu'on ne saurait refuser,
Un amour qu'on ne pourrait que partager.
Prêt au meilleur comme au pire,
Plein de soupirs comme de rires.

Oui, des soupirs,
Bâtis sur des souvenirs.
Souvenirs joyeux ou douloureux,
Souvenirs fielleux mais toujours précieux.

Joan c'est l'Amour,
L'amour à toujours.
Qui rit haut quand elle est joyeuse,
Qui pleure bas quand elle est anxieuse.

Femme fatale, mère poule,
Épouse idéale, amie cool.
Si entière qu'elle se sacrifierait,
Si immuable qu'elle se momifierait.

Une fleur dont l'engrais est l'amour,
Une lueur fortifiée par les épreuves et la bourre.
Paradoxe de candeur et d'ardeur,
Mélodie de franchise et de fraicheur.

Un autre recueil de poèmes ?
Bienvenue dans son univers de bohème.
Des textes plein de vie,
Vigoureux tels une eau de vie.
Qu'on dévore d'un trait en haletant,
Qu'on lit et qu'on relit en les mimant.

Fantaisie, folie, plaisir…
Mélancolie, furie, désir…
Un concert d'émotions vraies et authentiques,
Une explosion de rires, de larmes et d'hypothétique.
Émotion garantie et sans mélange,
Évasion euphorique et sans défiance.

Merci AMBU pour ces écrits et pour tout,
Merci à vous, de lire cet amour qu'elle vous voue.

MANON Michèle épouse ATEBA
Master Droits de l'Homme et Action Humanitaire
Substitut du Procureur

Expérience Optimale.

'Don't be ashamed of your Team failures.
Be ashamed for not supporting them through it' — Joan AMBU

Là-bas

Ici c'est la routine quotidienne,
On utilise toujours les lettres romaines,
La Terre reste la même, bien qu'elle vieillit,
La même eau jaillit,
De notre fontaine,
Qui est la plus admirée de notre domaine.
Les Hommes ont toujours cet air morose,
Les roses sont restées roses,
Les petits enfants d'hier,
Sont restés petits dans leurs réflexions d'aujourd'hui.
Pour un rien, ils disent oui,
Et certains en sont fiers.

Rien n'a changé ici bas,
Rien n'a changé depuis que t'es là-bas.
Ma vie, elle si,
La tienne, je parie aussi.

Mon demain est avec toi là-bas,
Ma moitié est en toi là-bas.
Là-bas, je saurai enfin que ma vie est d'or,
Lorsque je serai près de ton corps.
Là-bas, je n'aurai plus de remords,
Puisqu'ici, mes rêves me dévorent.

Je ne me coucherai plus seule dans mon lit,
Je ne me donnerai plus le mal à défaire les plis,
Puisque j'aurai un homme à mes côtés,
Un homme, qui j'espère, ne me sera jamais ôté,
Et cet homme se trouve là-bas.

Premier Amour

Deuxième fois, premier amour,
Cette vie, ce sentiment,
Est un cœur et une âme que j'ouvre.
Quand je t'ai rencontré,
Tous mes sentiments étaient nouveaux,
La Terre tournait pour moi,
Tout était beau.

Mais aujourd'hui, premier amour,
Si tu ne redescends pas, je me brûlerai.
Regarde-moi assise sur cette pierre,
Ici c'est mon seul refuge.
Après tout ce que j'avais entendu,
Pourquoi devais-je m'inquiéter ?
Si j'avais été mise au courant,
Allais-je douter ?

Si seulement je pouvais trouver des mots !
Pour te communiquer mes peurs,
Te faire comprendre que je veux dire ce que je dis.

Je Ne Te Laisserai Pas Tomber

Quand j'avais mal,
Et j'avais besoin de pleurer,
Tu m'as envoyé un mot gentil,
Qui était plus que des paroles.
Même si tu n'étais pas là en entier,
Tu étais là en pensées.

Aujourd'hui, tu-es triste,
J'ignore comment tu vis,
Mais je ne te laisserai pas tomber.
J'ignore ce que tu endures,
Mais je serai là, pour te tendre une main et une oreille,
Quand tu auras besoin d'une présence.

Si ton amour devient aveugle,
Si tu te perds,
Tu sauras où me trouver …

Joie

Quelle est cette joie qui anime mon être ?
Quelle est cette nouvelle sensation,
Qui me pousse à connaître,
Le doux secret de l'affection ?
Autrefois c'était les larmes,
Récemment c'était les flammes,
Aujourd'hui c'est le charme,
Demain, trouvera-t-il une place dans mon âme ?

Quelle est cette douceur avec laquelle j'agis ?
Quel est ce frisson qui me fait croire en la magie ?
Autrefois, amour rimait avec velours,
Récemment, il rimait avec toujours,
Aujourd'hui, il rime avec fidelité,
Demain, il rimera avec éternité.

Cette joie dans mon cœur,
Sera pour moi un refuge,
Où je ne craindrai ni peur, ni adieux.

Indéfinissable

Pour lui j'éprouve une amitié sincère,
Je me sens bien quand il est près de moi,
Je partage avec lui une douleur interne.
Pour moi, il est comme une histoire,
À travers laquelle je revois mon passé,
Je médite sur mon présent,
Et j'espère en mon avenir.

Pourtant quelque chose m'échappe …

Amitié sincère,
Ou homme de bel air ?
Mystiques palpitations,
Ou juste forte émotion ?
Quel est ce sentiment unique,
Qui crée en moi des idées romantiques ?
Mon cœur semble être en repos,
Lorsqu'il est près du sien.

Viens Et Dis-Moi

… Des paroles restées en silence,
Ont changé le cours d'une existence …

Viens et dis-moi ce qui ne va pas,
Même si tu ne veux pas !
Nous ne pouvons pas en rester là,
Car tu ne mérites pas cela.
Viens et dis-moi ce qui ne va pas,
Au lieu de vivre à moitié sans moi.
Viens et dis moi « Je ne me sens pas bien »
Au lieu de te morfondre sans moi.

Nous sommes assez grands,
Pour affronter certains temps.
Nous sommes assez francs,
Même s'ils disent qu'on ment.
Maintenant que je t'ai tout dis,
Laisses moi sécher tes larmes,
Et promet que jamais plus,
Tu ne pleureras comme un enfant.

Pense à Moi

Toi qui vis à quelques lieux de moi,
J'ai plus que jamais besoin de toi.
Je me sens bizarre et morose,
Je suis fatiguée.
Je voudrai prendre des doses,
J'aimerai que tout s'arrête,
Je suis fatiguée.
Même si je meurs d'overdose,
Je me débarrasserai de cette chose.

Quand je serai dans cette salle d'opération,
Pense à moi.
Y'a rien de plus beau que l'amour de ceux qui nous aiment,
Y'a rien de plus beau qu'un cœur saignant
Blessé par le bonheur.
Quand je serai là-bas : pense à moi.

L'Amour a Parlé

Je n'aurai jamais imaginé pouvoir t'aimer,
Mais l'amour a parlé.
Si mes yeux s'étaient fermés,
Peut-être allais-tu t'en aller ?
En pensées, très loin de moi ?
Pour ne penser qu'à toi,
Me laissant toute morose,
Sous la consommation d'overdose,
Mourant en douceur,
Sans crainte, ni peur,
Avec dans l'âme,
Le souvenir d'un être aimé,
Qui me jeta dans une flamme,
Pour avoir commis le plus doux des crimes,
À la fois honnête, et majestueux,
Beaucoup plus sincère que ces rimes,
À savoir t'aimer,
Comme jamais je n'ai aimé.

Loin de Moi

Des lettres, rien que des lettres ... et la vie continue.
Tous les jours je rêve,
De t'entendre fredonner au creux de mon oreille.
Mes jours et mes nuits sont en peines,
Et je suis devenue une rêveuse,
À force de vivre loin de toi.

Je me sens seule et j'ai besoin de toi,
Comment seront mes lendemains sans toi à mes côtés ?
Tu me manques et ça me rend folle.
Tu-es loin de moi,
Et j'ai du mal à vivre sans toi.
Je t'aime et je pleure ton absence,
Car j'ai tant besoin de ta présence.
Tes lettres sont mes seules consolations,
Ne t'arrête pas,
J'en ai besoin.

Ici Je Suis

Ici je suis,
Priant de tout mon cœur,
Que je te reverrai un jour,
Priant de tout mon cœur,
Pour que tu reviennes,
Afin d'atténuer mes peines.

Ici je suis,
Comptant les secondes, les minutes, les heures.
Pensant aux instants qu'on aurait pu partager.
Les jours passent et ne se ressemblent pas.
L'ancien s'en va,
Le nouveau s'installe,
Et les jours se succèdent.

Ici je suis,
Vivant à moitié sans toi,
Mais vivant à travers l'espérance,
L'espoir de te revoir un jour ...

Reviens

On était heureux tous les deux,
On partageait tout avec eux,
On respirait l'aisance,
L'amour était notr' essence.

Je me rappelle de nos jeux bidon,
Et de ce bizou déposé sur mon menton.
Te souviens-tu de nos jeux dans le jardin,
De ces promenades chaque matin ?
Tout était si parfait ...

Puis un jour, t'es parti,
Tout a changé, mais rien n'est fini.
Tu-es parti avec mon âme,
Mais t'as oublié d'emporter mes larmes.
C'est pourquoi je cris « reviens | »

Si Seulement

En une belle journée de Juillet,
Deux innocents minets,
Sous le regard d'un ciel couleur d'azur,
Pleuraient pour un problème de distance.

Ils vivaient pour la dernière fois en harmonie,
Car la jeune fille allait se séparer de son adonis,
Ils s'enlacèrent aussi pour la dernière fois,
Ils se firent une promesse comme autre fois.
À savoir s'aimer au delà de la distance,
Voir mûrir leur romance.

Si seulement tu étais resté,
Jamais je ne me serai sentie seule et vide,
Jamais je ne me serai ennuyé sur cette Terre acide.
Si seulement tu étais resté,
J'allais guérir de mes maux,
À force d'entendre tes mots.

J'ai Besoin De Toi

Tout comme j'ai eu besoin de toi quelques jours avant ton départ,
Aujourd'hui encore, j'ai besoin de toi pour vivre dans ce Monde à part.
Pourquoi tu pars ?
T'es parti avec notre bonheur,
Et tu n'as pas laissé ma part
Tu m'as juste aimé à la dernière heure.
Pourquoi tu pars ?
J'aurai dû te dire « restes ici »

Pourquoi ça ne va pas ?
Pourquoi suis-je comme ça ?
Pourquoi ne sais-je plus si je saurai un jour ce que j'ai toujours su ?
Pourquoi j'oublie tout ce que j'ai vu ?
Pourquoi t'as l'air réel dans mes rêves ?
Et pourquoi mes histoires sont-t-elles brèves ?

Pourquoi tu pars ?
J'aurai dû te dire « reste ici »
Car j'ai tant besoin de toi.

À L'Aéroport

De bonne heure à l'aéroport,
Bien avant le lever du soleil,
La même étincelle brillait dans nos yeux.
On se regardait bizarrement,
Comme si on ne s'était jamais connus.
On s'était regardé encore et encore,
Pour garder en mémoire les traits de nos visages.
C'était une tentative vaine,
Tout était vague et disproportionné parce qu'on pleurait.
On avait peur de cette séparation,
De cette distance qui à la longue,
Pouvait mettre fin à notre histoire.
On avait marché en silence.
Main dans la main,
On s'était blottis l'un contre l'autre,
Au point de ressentir le battement de nos cœurs.
Toujours en silence on marchait,
Puis ton heure a sonné ...

Et moi je pleurais.
Tu me pris la main,
Et la baisa.
Tu avais voulu m'embrasser,
Mais je t'ai repoussé,
Parce que j'avais peur de toi.

J'avais peur que tu me touches !
Je savais que c'était la dernière fois,
Je savais aussi que si tu me touchais,
Jamais je ne t'aurais laissé partir ...
Tu m'as dis, «I must go now, I Love You»
Et tu m'as tourné le dos.
Pendant longtemps j'ai pleuré,
Il fallait que je me fasse une raison,
Ce jour-là à l'aéroport.

Demain

Toi, tu t'en vas,
Tu t'éloignes de moi,
Moi, je me bats,
Je pense beaucoup à toi.
Hier je me sentais triste,
Je n'avais personne à qui parler,
Je ne pouvais même pas t'appeler,
Et je me suis confiée aux astres.

Aujourd'hui je ne sais plus qui je suis,
Mais je sais qui je suis,
Je parle, mais je ne parle à personne.
Des fois je parle même avec des consonnes.

Demain c'est dans quelques heures,
Dans quelques semaines, mois, années.
Demain me procurera peut-être du bonheur,
Demain peut-être ne viendra jamais,
Mes roses seront fanées,
Et mon cœur peut être triste à jamais :
Si demain demeure demain.

Ma Vie

Si ma vie est à faire,
J'incarnerai l'amour.

Cet amour qu'on n'a pas pu partager,
Ces baisers qu'on n'a pas pu s'échanger,
Cette expression que j'ai notée,
Ces moments qui nous sont passés à côté,
Ce départ qui nous a soudés,
Et ces sentiments qui ne cessent de roder.

Si notre destin est d'être ensemble,
De partager ce que la vie nous donne,
Si notre demain est de s'aimer :
Alors on ne fera qu'un,
Et on incarnera l'amour.

Je serai la Mère dont tous les enfants rêvent d'avoir,
Toi, le Père qui sèmera la joie dans le cœur des amoureux
mineurs,
Je serai ta vie,
Toi, tu seras ma réalité.
Et on sera la lumière de nos enfants.

Pour cet adolescent merveilleux que tu-es aujourd'hui,
Je sais que demain, tu seras l'homme le plus adorable,
L'homme qui solidifiera ma vie,
L'homme qui me donnera des enfants,
Qui me comprendra et sera toujours là pour moi.

Ta voix me manque,
Je souffre de l'absence de ton sourire
Notre innocence nous mènera à la gloire.

Fais-toi une raison,
Elle sera pour moi une passion.
Je t'aime pour ta patience,
Pour ta croyance,
Et pour toi.

Une Amoureuse

Comme atteinte d'une maladie,
Sa température monte,
Une sueur froide s'écoule de ses pores,
Ses yeux stables fixent le ciel,
Prie t-elle ou aperçoit t-elle quelque chose ?
Dans son sommeil troublé,
Elle murmure des mots d'amour,
Et puis ces mots …
Se transforment en larmes.

D'un mouvement lent, elle se lève,
Et scrute l'horloge murale,
Non pas pour savoir quelle heure il est,
Mais pour repenser à cet être indélébile,
Qui vit de l'autre côté de sa vie.

Son visage jadis ouvert,
Devient tout à coup indécis,
Sa mémoire flanche,
Son regard reste noyé dans le néant,
Elle est atteinte d'une maladie ;
Elle est amoureuse.

Dans Mon Coeur

Pourquoi dire qu'on aime,
Lorsqu'on ne ressent rien ?
Pourquoi souffrir,
Lorsqu'on peut vivre tranquille ?
Pourquoi aimer,
Quand on sait qu'on doit souffrir ?

Pourquoi est-ce-que je n'arrive pas à comprendre ?
Pourquoi essayer de me mentir,
Puisque je t'aime follement ?
Pourquoi m'attires-tu tant ?
Je ne comprends pas !

Pourquoi cela est-il arrivé,
Quand j'ai essayé de vivre seule ?
Pourquoi toi, et pas quelqu'un d'autre ?
Quel est cet amour à distance ?
Pourquoi juste une communication de conscience ?

Pourquoi m'as-tu laissé toute seule ?
Pourquoi a t-il fallu qu'on se rencontre,
Qu'on fasse connaissance,
Et qu'on s'aime ?
Pourquoi t'ai-je permis d'entrer dans ma vie,
De changer le cours de mon existence ?
Pourquoi es-tu parti avec mon étoile ?
Pourquoi m'as tu laissée seule,
Seule avec mes remords ?

Une chose est certaine : Je t'aime,
Et je t'aime de tout mon cœur.
Même si loin des yeux,
Tu seras toujours proche de mon cœur.

Je T'attendrai

On a commencé une histoire,
On a commencé à la vivre,
Puis tu-es parti,
Sans qu'on ne l'achève;
Tu-es parti avec la clef de ce journal,
Je t'attendrai pour la fin,
De jour comme de nuit,
Sur mon lit comme sur la plage,
Sous la pluie comme sous le soleil,
Dans l'Eglise comme dans la forêt,
Dans ma joie comme dans mon chagrin.

Je t'attendrai,
Aujourd'hui comme demain,
Demain comme dans le futur,
Sur les montagnes comme sur les plaines,
Dans mon angoisse et dans ma tristesse.
Je t'attendrai.

Je resterai vierge pour toi,
Je resterai seule pour toi :
Je t'attendrai.

Regarde

Regarde mon cœur,
Regarde cette blessure,
Crois-tu qu'elle se cicatrisera un jour ?

Regarde cette horreur,
C'est l'œuvre d'une larme,
Une larme qui m'a brûlé,
Lorsque tu-es parti.
Une larme qui a coulé,
Quand tu m'as quitté.

Regarde mon visage,
Qui a tellement maigri.
Et ces yeux,
Qui sont devenus aveugles,
À force de pleurer.

Regarde cette bouche,
Qui ne s'ouvre que pour dire ses prières,
Et qui a soif de t'embrasser.

Regarde ce corps,
Qui est devenu insensible,
À cause de ton absence.

Je Le Veux

Quand tu me regardes,
Vois-tu la personne la plus merveilleuse du Monde,
La personne avec qui tu aimerais être en amour ?
Quand tu me regardes,
Vois-tu la personne la plus merveilleuse du Monde pour toi ?

C'est peut-être tôt,
C'est peut-être fou,
Mais cet instant là, je l'attends avec impatience.
C'est peut être pas demain,
Mais je le veux.
Pour ta proposition, je dis oui,
Pour le cadeau, aussi, je dis oui.

Ce n'est qu'hier que ma vie a réellement eu son sens,
Et si aujourd'hui je me sens bien,
C'est grâce à toi.

Un Autre Noël

Noël,
La descente de l'amour des cieux,
Le changement des comportements humains,
L'heure des promesses,
Le temps de la réconciliation,
La période de joie et d'amour.

Un autre Noël,
Toute seule dans mon coin,
Sans un signe de ta présence.
Une autre étoile qui brillera pour deux.
Toujours le même être pour veiller,
Afin que le Noël soit magique.

Un autre Noël,
Et je crois, le troisième,
Que je passerai sans toi,
Ici bas, avec ma détresse,
En ce jour d'amour.

Un autre Noël,
Qui, au lieu d'être unique,
M'arrachera une autre larme.

Cette Musique

Comme cette musique,
Qui m'a laissé au fond du cœur une marque,
La toute première fois que je l'ai écoutée...
Aujourd'hui, j'en ai encore envie,
Elle me rappelle que tu-es ailleurs,
Que de tous, tu-es le meilleur.
Elle me rend triste et amoureuse,
Malade, mais joyeuse.

Comme cette musique,
Je rêve d'un lendemain magnifique,
Dans une tour,
Sur cette Terre d'amour.
Cette musique que je déteste tant,
Est en fait, mon seul passe temps.

Même si elle me sonde,
Dans tous mes songes,
Elle me laisse quand même quelque chose,
Qui me rend moins morose,
Quelque chose qui me console,
Et qui est pour moi, comme une boussole.

Comme cette musique,
J'espère en une romance unique,
Pleine de promesses,
De caresses et de tendresses,
Une histoire belle,
Un amour éternel,
Comme cette musique.

Merci

Toi, qui fus là, durant la période critique de ma vie,
Toi, qui fus patient, lors de mes plus grandes folies,
Toi, qui supportas mes vilains propos,
Mes mauvaises habitudes,
Mon immaturité,
Certes, c'était l'âge de l'innocence,
De la non-croyance,
Mais ...

Je t'ai fait subir une dure épreuve,
J'ai douté de toi,
Je t'ai traité de tous les mots,
Malgré cette bassesse de ma part,
Tu n'as pas ôté ta main de la mienne,
Tu m'as toujours aimée,
Tu n'as jamais pensé au mal que je t'ai fait,
Mais au bonheur que je pouvais t'apporter,
Lorsque j'aurai retrouvé mes traces.
Si tu m'avais tourné le dos,
Si tu n'avais pas prié pour moi, pour toi, pour nous,
Si tu m'avais laissé tomber,
Dieu, seul sait, ce que je serai devenue.

Merci d'être resté,
D'avoir cru en l'amour,
De m'avoir donné une chance,
De m'avoir aidé à grandir spirituellement et moralement.

Merci d'être entré dans ma vie,
Et merci à Dieu,
De m'avoir montré le bon chemin.

Depuis, ma vie a changé,
Merci de rêver pour deux,
Et de croire en nous.
Merci à toi, TEE.

Happy Birthday

La tristesse me paralyse,
La solitude me térrorise,
En ce jour nouveau,
Et dont la peine en vaut.

Ce jour par des forces,
Mystiques et malices,
Me rapproche de toi,
Par des pensées profondes,
Des espérances intimes,
Et des croyances secrètes.

Je me sens transportée,
Je me trouve transfomée,
Lorsque ce jour sonne,
Sur l'horloge de l'amour.
J'aimerais être à cet endroit spécial,
Où tu m'avais une fois invitée,
Le temps d'un long bonjour …

Pour cette nouvelle année qui commence,
Pour cet heureux évènement,
J'ai des vœux à faire,
« Restes toi, ne changes pas,
Tiens tes promesses et crois en moi.
Certes, je te manque,
Tu me manques aussi,
Je t'attendrai … »

T'Avoir

La lumière du jour,
La couleur du velours,
Le soleil qui brille,
Comme cette brindille,
De mèche en acajou,
Qui glisse sur ma joue …

Oui, je pleure,
Je trouve que c'est mieux,
Tu comprendras avec la fleur,
Et sauras que c'est bien sérieux.
La lettre n'est rien,
J'aimerais plutôt te dire « viens,
Je suis encore sous le choc de cette séparation ».

Nos âmes, elles,
Peuvent se mêler,
Nos cœurs, peuvent se parler,
Mais nos doigts,
Ne peuvent se toucher.

Oui, je pleure,
Dans mes yeux,
Tu peux voir cette lueur,
Qui voudrait tant te dire « viens »
Car je suis toujours sous le choc de cette séparartion.

Mets Moi Dans Ton Coeur

Tu me dis que t'es triste,
Que ça ne va pas,
Que tu ne sais pas.
Tu me dis que demain est très loin,
Que ça ne viendra peut-être jamais,
Car les aiguilles de ton horloge bougent à peine.

Tu dis que t'as peur de te retrouver seul,
De vivre sans moi,
Et de ne pas pouvoir protéger tes rêves.
Tu crois en l'amour,
Mais t'inquiètes pour un 'feeling'.
T'as peur que je te quitte ... je sais,
Mais saches que je serai là, jusqu' à la fin.

Quand tu te sentiras seul,
Quand t'auras l'impression :
Que le Monde entier est sur tes épaules,
Que ta vie devient monotone,
Alors met moi dans ton cœur.

Tu Peux M'entendre

L'esprit qui vague,
La personne qui divague,
Dans cette vie sans couleurs,
Ce Monde de pâleur,
Où l'Homme lutte pour vivre,
Et vit en étant ivre.

Tout est sale,
Dans cette vaste salle,
Ici, tous sont sots,
Dans ces états vassaux.

Je cris, je cours,
Je me morfonds dans ma tour.

Un Jour

Savais-tu pour moi,
Pour la vie et pour toi ?
Crois-tu au destin,
Au bonheur qu'apporte chaque matin ?

Savais-tu qu'un jour,
Je t'offrirai mon amour ?
Que je t'aimerai à mon tour,
Et que ça durerait toujours ?

Savais-tu pour hier,
Pour cette aspiration entière,
Cette incroyable dévotion,
Cette sincère action ?

Mon cœur si tendre et si fragile,
N'a qu'un vœu à faire,
« Toujours battre pour toi »
Si jamais notre vie est à faire ...

Bizarre

La première fois que je t'ai vu,
J'ai pensé à quelqu'un que j'avais connu,
Et c'était réciproque.
J'ai vu en toi un être amical et compréhensif,
Et je ne m'étais pas trompée,
Car tu me l'as prouvé.

On s'est connu cette année,
On s'est parlé ce mois,
Tu m'as compris cette semaine,
T'as dis que je peux compter sur toi,
T'es gentil avec moi,
T'es même très sympa pour un nouveau copain.

Mais je trouve que t'es bizarre !
Parce que tu ne m'adresses jamais la parole,
Du moins, pour dire « bonjour ».
Franchement, t'es bizarre,
Parce que tu dis « on en parlera »
Et tu n'es jamais disponible.

Sweet Valentine

En ce jour d'amour sincère,
De lutte contre la misère,
Ma vie est entrain de disparaître comme la fumée,
J'ai l'impression d'avoir été assommée
En plein cœur sur un talus.
Mais elle est toujours là, Venus.

Ma vie est devenue si vide,
Et je trouve mes propos stupides,
Je ne parle à personne,
Mais tous me raisonnent.

Des mots, rien que des mots,
Des mots, qui me donnent des maux.
J'ai mémorisé la loi d'ohm,
Mais ai-je gardé en mémoire le visage de mon homme ?

Ma vie est comme le froid du soir,
Qui ne connaît aucun bonsoir,
Mais qui recherche une certaine chaleur,
Pour oublier ses pleurs.

Je passerai cette Saint Valentin,
Comme je passe chaque matin,
Là, seule, sans toi,
Dans cette pièce, face à moi.

En ce jour magique,
Bercé par des chants romantiques,
Je ne peux que t'envoyer un « je t'aime »,
Hoping you feel the same.

Be Mine Forever ...

Si Tu T'en Vas

Tu voulais que je t'aime,
Que je partage avec toi, ce que je n'ai jamais partagé avec
quiconque.
Tu voulais que je comble le vide dans ton cœur,
Que je devienne ta confidente,
Et même ton refuge.

Tu m'as offert ton cœur,
Et j'ai dit oui,
Non pas pour te faire plaisir,
Mais parce que je t'aime vraiment

En ce jour où j'ai tant besoin de toi,
Je suis sans nouvelles de toi,
Qu'est ce qui ne va pas ?
J'ai l'impression que quelque chose cloche !
J'espère bien que je me trompe,
Mais pourquoi ce silence ?

Si tu t'en vas,
Ça sera le début de ma fin,
Tu détruiras mes rêves,
Tu briseras mon cœur,
Tu sépareras mon âme de mon corps.

Les horreurs défilent dans ma mémoire,
Depuis la déprime d'un soir.
Mes rêves me font souffrir,
Et j'aimerais écrire mes histoires.

Rien n'est plus comme autre fois,
Je suis entrain de perdre ma foi,
Je ne reconnais plus ma personne,
Et je sens même la folie venir.

Si tu t'en vas,
Je survivrai dans la douleur,
Je souffrirai tant,
Et pendant longtemps :
Si tu t'en vas.

Le Bonheur Viendra

Toi, qui m'aimais dans le silence,
Qui m'aimes, et me fais confiance,
Toi, qui disais aux autres,
Que tu m'aimes,
J'ai cru que t'étais neutre.
Parce que tu préférais le regard,
Aux paroles douces et romantiques,
T'avais des attitudes douces à mon égard :
Quand tu te comportais ainsi,
Je ne comprenais rien,
Au langage de ce regard.
M'aimes-tu ?

Aujourd'hui, nous sommes en retard,
À chaque fois qu'on se voit, il se fait tard,
Ça viendra, c'est sûr,
Ça viendra, biensûr,
Même près d'une tour,
Mais le plus dur de tout,
Sont mes larmes que je verse partout,
Notre bonheur viendra.

Celui Qui M'Aime

Toi mon ami,
Toi mon véritable ami,
Qui vit en Mésopotamie,
Toi qui m'aime,
Mon amour d'ami,
Toi que j'aime,
Que j'aime si ouvertement,
Que j'aime à me perdre totalement.

Tu rends mon cœur moins lourd.

Missing You

Étendu sur la plage,
Je scrute le ciel azuré,
Dont les nuages viennent de former quelque chose,
J'imagine ton portrait,
Qui me fait son plus beau sourire.
Mon humeur factice ne trompe pas,
Je suis un ermite,
Qui aimerait savoir ce que deviendra son lied ?

Sur cette plage où tombent des embruns,
Je nous revois yeux dans les yeux,
Et ton visage qui reste toujours indécis.
Bientôt le coucher du soleil,
Moi, seule, sur cette plage,
Coupée du reste du Monde,
Aurai-je un lendemain,
Sans toi à mes côtés,
Aurai-je une véritable existence,
Sans toi à mes côtés ?

Comme Autrefois

Tout le temps, je rêvais,
De l'entendre fredonner au creux de mon oreille,
Comme autrefois.
Toutes les nuits, je grevais,
Je refusais de me donner,
Une apparence de soleil,
Comme autrefois.

J'avais banni le mot crever,
Le jour qu'il m'avait souri.
J'avais voulu le prouver,
Qu'avant tout, il sera mon ami,
Comme autrefois.

J'ai remué Ciel et Terre,
À travers une série de vers,
J'ai survécu,
La mort dans l'âme,
Quand j'ai appris son chagrin.
J'ai reçu,
En plein cœur, comme une lame …

Pour L'Éternité

Je ne suis pas née,
Pour être célibataire,
Ni pour être avec quelqu'un d'autre.
Mais je suis née, je crois,
Pour demeurer auprès de toi,
Pour l'éternité.

Quoiqu'il arrive,
Où que nous soyons,
Même si le destin nous renie,
Si le temps est contre nous,
Aujourd'hui et demain,
On se reverra et on s'aimera.

Si dans mon cœur,
Ça peine comme l'enfer,
Je réussirai cette épreuve,
Je t'attendrai,
Et je t'aimerai,
Pour l'éternité.

Tu M'as Promis

Quand tu-es parti,
Pour cette Terre étrangère,
J'ai ressenti,
Une douleur passagère.
Quand tu m'as parlé,
Pour la dernière fois,
Tu m'as rappelé,
De toujours garder la foi.
Quand tu m'as souri,
J'ai su,
Que tu cachais tes larmes,
J'ai aussi su,
Que tu me voulais dans ton âme,
Et je t'ai souri.
Quand tu as fermé tes yeux,
En me prenant dans tes bras,
Tu m'as promis,
Que je vivrai éternellement dans ton cœur.

J'Ai Eu Besoin

J'ai eu besoin de ton sourire,
Pour m'amouracher,
Mais je n'ai pas eu besoin :
De ta déclaration,
Pour m'accrocher,
De tes paroles,
Pour être heureuse,
De tes chansons,
Pour m'endormir,
De ton regard,
Pour m'oublier,
De ton accord,
Pour céder,
De cette distance,
Pour t'aimer.

J'ai eu besoin de ce silence,
Pour comprendre,
J'ai eu besoin de cet instant,
Pour vivre dans ton cœur.

C'est Pour Ça

J'ai longtemps rêvé de ce moment,
Longtemps prié pour que ce jour vienne,
J'ai remué Ciel et Terre,
À travers une série de vers.
J'ai même jeûné afin que tout se passe bien;
Mais la vie nous l'a volé.
Car elle est contre cette union,
Contre cette amitié.

J'ai cru que c'était la fin pour nous,
Mais je m'étais trompée,
Car ce n'était rien d'autre,
Que la suite d'un long cauchemar.

J'avais confiance en la vie,
À la compréhension Humaine.
Mais cette vie m'a tout pris,
Sans rien laisser,
Qui puisse m'être utile.
Je n'y peux rien,
Et c'est pour ça.

Distance

Je ne pourrai pas t'offrir,
Ce que tu espères de moi,
Je ne pourrai pas réaliser,
Tes rêves les plus fous,
Ni t'aimer comme tu le mérites ;
Non pas parce que je ne peux pas,
Mais à cause de cette distance.

Je voudrai volontiers,
T'offrir mon être entier,
Âme, cœur, corps,
Encore et encore,
Sans jamais me lasser,
Et sans jamais m'amuser.

Août

Août, restera Août,
Même s'il m'arrache une larme.
C'était en Août,
Je n'avais que 15 ans,
Lorsque je t'ai vu pour la première fois.

Là, en plein adolescence,
J'ai eu le plus grand chagrin de ma vie,
Lorsque tu m'as avoué,
Que jamais, tu ne m'oublieras.
C'était si facile à comprendre,
Et si facile à blesser.
C 'était un cauchemar,
Un vrai tue mémoire.
Notre dernière nuit,
Fut un enfer,
Supplications après supplications,
Afin que le destin change son cours.
Mais hélas,
Il fallait bien que tu t'éloignes,
Que tu t'éloignes de ma vie.

Souvenirs

La vie est compliquée,
Mon rêve s'est brisé,
Et l'amour de ma vie m'a quitté.
Contrairement aux apparences,
Victime de mon innocence,
J'ai le cœur déchiré.

Moi, qui parfois, t'arrache un sourire,
Moi, qui essaye de ne plus souffrir,
Je ne cesse de penser à toi.
Ton ombre me poursuit,
De jour comme de nuit,
Et même si ce n'est plus moi :
Je t'en prie, ne m'oublie pas.

Bien sur,
Au fur et à mesure,
On finit par cicatriser,
Et on arrête de pleurer.
Mais moi je t'aime,
Et je ne te le répéterai jamais assez.

Et même si,
Ces mots te laissent indifférent,
Ils restent fragiles
Et dans mon cœur,
Laissent une empreinte indélébile.

Ne m'oublie pas,
Je t'en prie,
Même si ce n'est plus moi ...

Ainsi Va La Vie

Ainsi, je voyais mon temps partir en l'air,
J'observais s'écouler cette ère,
Moi, femme de bel air,
Ainsi j'erre.

Il existait une contradiction,
Entre modernité et tradition.
La différence était énorme,
Du fait de la désobéissance des normes.

Ma personne reconnue,
Mon origine inconnue,
Mes pensées mises à nus,
Je n'attends plus que sa venue.

Une aussi belle vue,
Au-dessus de cette rue,
M'avait t-il vu,
Près de son avenue,
Et m'avait t-il reconnue ?

Pour Cet Homme Qui N'Existe Pas

Dans mon imagination,
Je te vois,
Toi, l'immortel de mon cœur,
Avec ton sourire angélique,
Et ta voix sensuelle,
Qui berce mon être tout entier.

Dans mon éveil,
Je rencontre ton regard,
Doux, séduisant,
Mes yeux te cherchent,
Mes lèvres s'ouvrent,
Mon corps te réclame,
Ta bouche m'attire,
Ta présence m'excite,
Tout comme tes caresses.

Dans mon sommeil,
Tu murmures des mots,
Au creux de mon oreille.
Je me laisse aller,
Je me laisse faire,
Laissant parler mon corps,
Pour sentir tes battements de cœur ;
Tenant ta main,
Pour m'endormir,
Tout tendrement blotti contre toi ...

Un Moment

Il ne suffit que d'un regard,
Pour saisir le message.
Il ne suffit que d'un hasard,
Pour avoir une image.
Il ne suffit que d'une seconde,
Pour savoir qu'on gronde.
Il ne suffit que d'une minute,
Pour entendre un « neutre ».
Il ne suffit que d'une heure,
Pour finir en pleurs.

Mais il n'a suffit que d'un serment,
Pour tout comprendre.
Il n'a suffit que d'un moment,
Pour tout reprendre.

Il n'a suffit que d'un moment,
Pour mieux te comprendre.

Mon Cœur a Battu

Mon cœur a battu ce soir,
Lorsque tu-es passé me voir,
Tout était si noir,
Qui pouvait y croire ?

Mon cœur a battu ce soir,
Quand j'ai vu ce miroir,
Et je suis restée à la foire,
Pour retrouver ma gloire.

Mon cœur a battu ce soir,
Devant cet isoloir,
Toi tenant ton rasoir,
Tu m'as dis bonsoir.

Mon cœur a battu ce soir,
Moi toute en noir,
Heureuse de te revoir,
Heureuse de m'asseoir,
Là, près de toi, ce soir ...

Peur De Te Perdre

Jamais je n'ai connu un tel sentiment,
Jamais je n'ai connu une telle sensation,
Mais y'a quelques jours de cela,
Je me suis sentie bizarre,
Lors d'une conversation avec toi,
Ami de toujours.

J'ai cru ne t'avoir jamais rencontré,
Tes paroles,
Au lieu de m'émerveiller comme jadis,
Me troublaient.
J'étais comme transportée,
Vers d'autres lieux.
Je ne voyais que toi,
Ce toi que je n'avais jamais connu,
Pourtant c'était bien toi,
Et personne d'autre.

Je n'ai pu laisser mon cœur parler,
De peur de te perdre.

T'Avoir Vu Un Soir

T'avoir vu un soir,
A laissé au fond de mon cœur,
Un sentiment étrange,
Une envie soudaine.
J'ai cru pendant un moment,
Que j'allais perdre connaissance,
Mais j'étais là,
Cœur battant,
Devant toi.
Ce que j'attendais,
Était reçu dans mon oreille,
Comme un cadeau,
Parce que c'était beau,
Et parce que je ne rêvais pas.

T'avoir vu un soir,
A éveillé en moi,
Ce cupidon endormi,
Qui m'a transpercé,
De sa flèche,
Et a laissé dans mon cœur,
Ce trou qu'il faut combler,
Cette blessure qu'il faut soigner,
Car, t'avoir su un soir,
A bouleversé ma vie.

La Douleur S'est Calmée

Ce cœur triste,
A cessé de saigner ce matin,
Quand tu-as prononcé mon nom,
Après un long moment de silence,
Qui a fait de moi,
Un être sans sourire,
Un être sans visage,
Ne vivant que de larmes,
Jour après jour,
Mais aujourd'hui,
La douleur s'est calmée.

Quoi que je ne sache toujours pas,
Pourquoi tu-es comme ça.
Subitement, j'ai peur,
Peur de moi,
Peur de toi,
Peur que tu me quittes,
Peur de revivre une fois de plus,
Cet enfer,
Parce que je t'aime.

Être Indélébile

Quand tu m'as souri hier,
Mon cœur n'a pas pu résister,
Cette beauté,
Qu'était te voir au naturel,
A ressuscité en moi,
Ce sentiment endormi.
Tout comme cendrillon,
Mon cœur a battu,
Quand tu-es venu vers moi,
Après tant de mois de silence.

Je t'aime comme on meurt,
Innocemment, sincèrement,
Je voudrais que tu vives,
Éternellement dans ma vie,
Parce que tu-es un être indélébile,
Le plus merveilleux au Monde pour moi.

La Chose

Il est 14h 06, la pause,
Je suis heureuse,
On a fait la chose,
Moi, toute peureuse,
Toi devant moi,
Distant, avec émoi.

Ces mots que j'aime entendre,
Ces mots si tendres,
J'ai attendu longtemps,
Pour savourer cet instant,
Seule, avec toi,
Rien que toi et moi,
J'ai attendu le cœur battant,
Ce moment troublant,
Cet instant embêtant,
Avec le sentiment croissant.

C'était sincère cette fois,
Doux et romantique à la fois.

Je T'Aime Toujours

Là, sur mon bras,
Tu m'as mordu comme un cobra.
Avec une certaine rage,
Tu-as blessé un ange.

Tu-as refusé mon thé,
Et tu m'as quitté,
Sans explications,
Sans reconciliation,
Pourtant je t'aimais,
Et je t'aime toujours.
Dans ton cœur, je semais,
Des grains d'amour.

Je t'ai tout donné,
Le temps d'une année,
Je n'utiliserai pas des mots tronqués,
Pour te dire que tu vas me manquer.

Symbiose

Cet instant partagé avec toi,
Est pour moi une bénédiction,
Parce qu'être avec toi,
Est pour moi une protection.

Quand tu me touches,
Quand tu effleures ma bouche,
Là, sur la couche,
En pleine douche,
Je ressens un sentiment étrange,
Une association de deux mélanges.

Ça Saigne

Jusque dans mon tréfonds,
L'amour m'a aveuglé,
J'ai longtemps cherché ce qui n'existe pas,
Et je cherche encore cette chose,
Cette personne.
Ce que je ne comprends pas,
C'est cette peur qui m'empêche de vivre,
Et cette haine,
Qui prend possession de moi.

J'ai du mal à m'aider,
J'ai besoin des autres,
J'ai besoin de toi.
Ni toi, ni moi,
Ni les autres,
Ne pouvez m'aider,
Et je suis là,
Comme seule au Monde,
Sans personne,
Et ça saigne dans mon cœur.

Tu M'as Quitté

J'ai essayé de résister,
Mais j'ai échoué.
J'ai essayé de te parler,
Mais tu ne m'as pas écouté.
J'ai essayé de m'accrocher,
Et je me suis blessée.
J'ai essayé de m'expliquer,
Mais tu-es parti.
J'ai essayé de t'arrêter,
Tu ne m'as pas regardé,
Et tu m'as quitté.

J'ai alors compris,
Qu'entre nous, tout était fini,
J'ai essayé de plaider ma cause,
Te suppliant de rester,
Mais tu m'as repoussé,
Et je suis restée là,
À pleurer,
Parce que je t'aime toujours.

Message

En te regardant,
J'ai vu une lueur dans tes yeux,
J'ai lu de la tristesse,
La peur de ne pouvoir jamais t'en sortir;
J'ai aussi lu ce message douloureux.

Notre histoire est allée trop loin,
Au point où,
Je me sens concernée par tout ce qui t'affecte.
Nous sommes arrivés au point de non retour,
Et j'aimerais savoir si je dois vraiment rester,
Si tu changeras,
Si tu m'épargneras cette douleur,
Si tu repartiras à zéro.

Ne Résiste Pas

Laisse-moi te rappeler que tu dois te laisser aller,
Laisse-moi t'aider,
Comme tu me l'as demandé,
Écoute ces chœurs,
Et laisse parler ton cœur,
Ne résiste pas,
Libère-toi,
Calme-toi,
Et suis mes pas.

Après m'avoir repoussé,
J'ai découvert ta blessure,
Tu crois que tu n'aimeras plus jamais,
Laisse-moi essayer,
Laisse-moi te prouver,
Que ton geste est injuste,
Que tu te fais du mal.

Ne résiste pas,
Et laisse-moi t'aider.

Impossible

Tout a changé,
Depuis ton entrée dans ma vie,
Qu'il me serait impossible,
De survivre sans ton sourire,
D'avancer sans ta main,
De traverser une route sans ton signal,
De m'endormir sans penser à toi.

Tu as toujours su quoi faire,
Lorsqu'une situation difficile survient,
C'est pourquoi,
Je me retourne vers toi,
Je fais appel à mon meilleur ami,
À celui que j'aime.

Je ne cesse de te regarder,
Je ne peux me passer de t'aimer.

Mon Trésor

Il pleut dans mon cœur,
Comme il pleut sur la ville,
Je ne saurai jamais remercier le ciel,
Car je me suis épuisée.

J'ai longtemps cherché,
Et finalement,
Je t'ai trouvé,
Toi, mon trésor,
Toi, si éloigné et proche à la fois,
Toi, si tendre et compréhensif.

Je t'ai trouvé,
À côté de ma vie,
Et tu m'as appris tant de choses,
Tu n'as pas essayé de me montrer ton amour,
Mais tu me l'as fait comprendre.

Mon Cœur S'est Endurci

J'ai rêvé,
J'ai fait ce beau rêve,
Dans lequel j'aimais mon homme,
Je l'aimais sans l'aimer,
Je l'aimais tendrement, simplement
Dans mon silence,
Dans son absence.

Tellement j'avais attendu sa venue,
Et mon cœur s'était endurci,
À force de l'attendre.
Je suis devenue insensible,
À force de pleurer.

Pense Avant D'agir

Longue était mon attente,
Immense était mon espérance,
Blanc était l'amour dans mon cœur,
Court était ton combat,
Douloureuse ton heure,
Triste était la nouvelle.

Tes dernière paroles mon marquées,
Ainsi,
J'aimerais vivre du silence,
Supporter l'absence,
D'un amour sans intérêt,
Que moi seule, connais.

Tu me quitteras, je sais,
Mais pense avant d'agir,
Parce qu'un jour tu reviendras,
Quand tu auras compris.

Quand tes yeux s'ouvriront,
Tu reviendras,
Et ça sera peut être trop tard.

Je N'en Peux Plus

Pour moi,
Tu représentais tout l'Univers,
Pour moi,
Tu étais la perfection,
Un Humain parmi tant d'Hommes.

Pendant longtemps,
Tu-as su contrôler tes gestes,
Maîtriser ton jeu,
Tu n'as pas pensé avant d'agir,
Tu n'as pas pesé le pour et le contre,
Et toujours,
Je t'ai accordé une seconde chance,
Pour revivre le même scénario.

Aujourd'hui, je n'en peux plus,
Autant souffrir,
Que d'être avec toi,
Je n'y crois plus,
Tu m'as déçu.

Y'aura pas de prochaine fois,
Pour moi,
Tu n'existes plus.

Tu Me Manques

Une petite distance,
Pour savoir que tu me manques,
Un instant de silence,
Pour m'apercevoir que tu me manques,
Un peu de musique,
Pour réaliser combien tu me manques.

Rien que ton absence,
Pour me rendre malade,
Rien qu'une balade,
Pour savourer dans l'intimité,
Notre romance...

On S'est Aimé

On s'est aimé ce soir,
Toi et moi,
On n'a partagé ce qu'on avait d'intime.
On s'est aimé,
Non pas en privé,
Mais où tous pouvaient nous voir.
On s'est aimé,
Et j'ai aimé,
Qu'on puisse s'aimer ainsi.

Quand tu m'as pris dans tes bras,
Et qu'on s'est embrassé,
Là,
En plein air,
Nous,
Maîtres de nos désirs.

On s'est aimé encore ce soir,
Laissant parler le silence,
On s'est aimé,
Toi et moi,
Sous la pleine Lune.

Serment

Dans ma tête,
Je vois du blanc,
Je vois du noir,
J'entends des cris de joie,
Des mots doux,
Dans ma tête,
Je vois cette image,
De toi et moi,
Faisant nos promesses,
S'échangeant des alliances,
Et ce baiser ...

Dans ma tête,
Je nous vois sur des nuages,
En pleine lune de miel.
Dans ma tête,
Je vois aussi une maison,
Notre refuge,
Et des enfants,
Fruit de notr' union.

Avec Ma Haine

Pourquoi n'arrive-je pas à t'oublier ?
J'ai pourtant tout essayé,
Essayé d'effacer nos souvenirs,
Essayé de vivre comme un ermite,
Avec dans la tête,
La joie du moment

J'ai détruis ce qu'on avait construit,
J'ai effacé les traces de nos pas,
J'ai tourné la page de cette histoire,
J'ai essayé de te détester,
Mais je n'y arrive toujours pas.

Pour moi, tu-es l'enfer,
Le mal en personne,
Je me demande si parfois,
Je suis possédée par un mauvais esprit,
Pour t'avouer mes amours ?

Même si ça me casse,
Je voudrai comprendre,
Pourquoi je t'aime,
Avec ma haine ?

M'aimes-tu Autant ?

J'ai vu ce qui n'existe pas,
Je me suis retrouvée, où je ne devais pas,
J'ai négligé ce qu'il ne fallait pas,
Mais toi,

...

Je t'ai aimé au premier regard,
Je t'ai accepté dans ma vie,
Je t'ai aimé,
Sans que tu le saches,
Tu-as changé ma vie,
Et j'ai trouvé la force de laisser mon passé derrière.

Mais toi,

...

Je t'aime aujourd'hui,
Plus qu'hier,
Je voudrai juste savoir,
Si tu m'aimes autant ?

C'est Ainsi

Près de toi,
Je perds ma foi,
En toi je vois l'âme de ma soeur,
Mais tu n'es pas mon âme-soeur,
Et ça, je déteste.
Je déteste comme la peste,
Parce que je me perds,
Dans tous tes repères,
Je m'en sors,
À travers tous les sorts.

C'est ainsi,
À l'heure du festin,
Je suis mon destin.
C'est ainsi,
Tu tournes de ton côté,
Pourtant, je suis à côté.
Ma vie est rythmée,
Mon coeur semi animé,
C'est ainsi,
Il faut faire la charité,
Et chercher la vérité.

À Bâbord

Si tu ne peux pas être fort,
Alors tu-es un Homme mort,
Rien de plus que vaincre son sort,
Et mieux vivre, sans remords.
Tu-as bafoué nos rapports,
Pourtant, tout s'est passé sur ce port.

C'était de prime à bord,
Là, à bâbord,
Nos regards se sont croisés,
Nos doigts se sont entrecroisés,
Nous nous sommes amassés,
Sans jamais nous lasser.

Tu m'as pris la main,
Tu m'as avoué ton amour en romain,
Tu m'as aimé,
Et je t'ai aimé,
Là, à bâbord.

Pourquoi ? [2]

Un cœur mourant,
À cause d'un problème vexant,
Une âme mordue,
Par tout ce qu'elle a reçu,
Une main perdue,
Aux yeux de tous ceux qui n'ont rien vu,
Un rêve détruit,
Par des êtres instruits.

Pourquoi cette souffrance ?
Pourquoi ce silence ?
Existe-t-il une croyance ?
Qu'est ce qu'une romance ?
Pourquoi ?
C'est une histoire sans fond,
Puisque tous s'en vont
Mais pourquoi ?

Pourquoi cette amouchanguilose[1],
Qui me fait prendre tant de doses ?

---

[1] Maladie d'amour

J'étais Là

On s'est échangé des mots,
On a voulu le plus beau,
On a voulu ce baiser,
Juste voulu un baiser.
Mais à l'heure du câlin,
Tu-as joué au malin,
Tu n'étais pas là,
Pourtant j'étais bien là,
Jusqu'à un certain temps,
J'ai attendu longtemps.
Pour toi, j'étais là,
J'ai toujours su être là.

L'Inoubliable

Après notre séparation,
Après ma douleur,
J'ai compris sans effort,
Que ma place était à tes côtés,
Parce que tu m'as toujours aimé tel que je suis,
Tu m'as élevé de ma bassesse,
Tu n'as jamais cherché le maximum,
Juste l'essentiel,
Et pour cette raison,
Ton coeur battra toujours dans le mien,
Car le premier amour,
Dure le temps d'une vie.

Je T'ai Aimé

Je t'ai aimé comme une amoureuse,
Je t'ai aimé comme une amie,
Je t'ai aimé comme une soeur,
Je t'ai aimé comme une mère aime son enfant,
Je me suis ouverte à toi,
Dans mon silence,
J'ai été patiente,
J'ai été tolérante,
Je me suis donnée,
Totalement,
Sincèrement

Je t'ai aimé,
Tu ne sauras jamais à quel point,
Je me suis épuisée pour toi,
J'ai changé pour toi,
J'ai tout sacrifié pour toi,
Je t'ai donné mon Moi.

Je t'ai aimé,
Sans que tu ne t'en rendes compte,
Je t'ai aimé,
Et je t'aime encore.

Tu Ne Sauras Jamais

Si tu étais Dieu,
Tu aurais changé ma vie,
Si tu étais le Christ,
Tu aurais apaisé ma douleur,
Si tu étais mon frère,
Tu aurais su de quoi j'ai peur,
Si tu étais au près de moi,
Tu aurais partagé ma souffrance,
Si tu étais à l'écoute,
Tu aurais compris.

Mais tu n'es que toi,
Et tu-es loin de moi.
Jamais tu ne sauras ce que j'endure,
Jamais je ne te dirai ce que je ressens,
Tu ne sauras jamais,
Pourquoi je pleure,
Et pourquoi je me renferme.
Tu ne sauras jamais,
Pourquoi c'est ainsi.

24/7

Les mots,
Les mots,
Il y en a de beaux,
Et de moins beaux.
Jamais je n'ai pu,
M'exprimer avec des mots,
Te dire ce que je ressens,
Ce que j'espère pour nous deux,
Mais une chose est sûre,
Je ne cesse de penser à toi,
24/7.

Si jusqu'à ce jour,
Tu n'as cessé de m'aimer,
Si sincèrement,
Tu penses ce que tu dis,
Alors,
Je ne saurai me passer de toi.

C'est si facile de t'aimer.
De te prendre au sérieux,
Et je t'aime,
24/7.

Regarde-Moi

Si tu-as le courage,
Regarde-moi,
Si tu ne crains rien,
Regarde-moi,
Et tu verras la peine,
Que tu-as infligé en moi,
Ce douloureux tatouage,
Que tu-as laissé dans mon coeur,
Cette lueur dans mes yeux,
D'un regard triste,
Et ferme à la fois.
Regarde-moi,
Et dis-moi,
Si tu ne reconnais pas ton oeuvre.

La douceur chez toi,
N'existe pas,
La pitié,
Tu ne la pratiques pas,
Laisse pour une fois,
Ton orgueil de côté,
Et regarde-moi.

Pour Toi

J'ai fermé les yeux sur l'amour,
J'ai fermé les yeux,
Mais est-ce pour toujours ?
J'ai reçu très peu,
Pourtant j'ai donné le maximum,
Aujourd'hui je voudrais,
La paix, la sincérité.

En peu de temps,
Mon Monde s'est écroulé,
Mon rêve envolé,
En si peu de temps.

Pour toi,
Je serais prête à recommencer,
À tout effacer,
Tu n'auras pas à me supplier,
J'oublierai tout,
Pour nous donner une seconde chance,
Pour te donner une seconde chance.

Jamais Sans Toi

Je me sens bien,
Lorsque mon coeur est près du tien,
C'est ainsi, je n'y peux rien,
Rien sans ton soutien.

J'ai choisi ma route,
Mais dans ma tête, s'installe le doute,
Le doute du départ d'Août,
Un départ que je redoute.
La peur de te perdre,
De partir loin de mon être,
Parce que je t'aime.

L'Élu

J'ai cherché
Loin, très loin,
Loin, mais avec soin,
J'ai perdu trop de temps,
J'ai attendu longtemps.
Quand tu-es parti là-bas,
Je me suis rendue compte que tu avais toujours été là,
Près de moi,
Tout près de moi.

Je t'ai cherché au mauvais endroit,
T'aimer, j'en avais le droit,
Te tenir dans mes bras,
Te serrer dans mes bras.

Aujourd'hui,
Je te conduis,
Toi, l'élu,
À siéger sur le trône de mon cœur.

Erreur Sur La Personne

Je t'ai fais confiance,
Toujours et sans méfiance,
J'ai tout accepté,
Sans m'être adaptée,
Je t'ai fais confiance,
Jusque dans mon inconscience.
Est-ce une manière d'apprécier,
Est-ce une manière de me remercier ?
J'aurai dû être plus prudente,
Rester indépendante,
Observer les signes,
Et demeurer digne.

J'ai commis une erreur,
Une des plus graves erreurs,
Erreur sur la personne,
Erreur sur ta personne.

Si Tu Veux Encore De Moi

On s'est aimé,
Pendant longtemps,
Tu m'as aimé,
C'était touchant.
De jour comme de nuit,
Dans le silence comme dans le bruit.
Puis, tout a changé,
Nos souvenirs ont été rangés,
Tu t'es éloigné,
La discorde a régné.
Tu-es parti,
Tu-as ouvert la porte,
Tu-es sorti,
Et tu-as disparu.

Je ne te demanderai pas pourquoi,
C'est ton droit,
Tu-as fait ton choix.
Je voudrais que tu saches que je t'aime,
Et si tu veux encore de moi,
Je serai là.

J'Aimerai T'offrir Mon Coeur

Je voudrais bien croire,
Qu'avec toi, je réaliserai mon rêve,
Que tu me feras oublier,
Tout ce que j'ai enduré,
Jusqu'à cet instant

J'aimerais t'offrir mon cœur,
À la place d'un serment,
J'aimerais tout simplement,
Le faire parce que c'est toi.
Mais j'hésite,
Non pas parce que je ne t'aime pas assez,
Mais je voudrais être sure,
Que c'est toi que j'aime,
Désolée mais,
L'expérience m'a rendu ainsi,
Et je n'y peux rien.

Je Comprends. Je Pardonne

J'aimerais savoir pourquoi les choses sont ainsi,
Pourquoi je t'aime,
Et pourquoi ça ne peut pas être toi ?
Je comprends et je pardonne,
Parce que je t'aime tant.
Chez moi l'amour,
C'est ce qui me rend moi,
Mais si ce n'est pas toi,
Ça ne sera jamais personne, peut-être.

En amour,
Je n'ai jamais pu atteindre mon nirvana,
Je ne l'atteindrai jamais peut-être.
J'ai foi,
Qu'un jour viendra,
Peut-être pas sur Terre,
Mais il viendra sûrement,
Ce jour tant attendu.
Pour l'instant,
Je comprends et je pardonne.

Dans Tes Bras

Je voudrais me retrouver là-bas,
Apaiser ces douloureux battements de cœur.
Je voudrais connaître le bonheur,
Avec toi, en toute heure.
C'est toi que je veux,
Tu-es tout ce que je veux,
Tu me complètes.
Je voudrais que tout commence en beauté,
Et dure le temps d'une éternité.
Je voudrais que ce soit toi,
Et personne d'autre,
Je voudrais que tu m'aimes, moi,
Et pas une autre.
C'a toujours été toi,
J'ai l'impression,
Tu-es fait pour moi.

Je Me Trompe Ou Je Mens?

Tu n'as pas le profil,
De celui que je rêvais rencontrer,
Mais tu-as tout,
De l'Homme idéal,
Celui que j'attendais,
Celui pour qui,
J'ai souvent prié.
Maintenant que je t'ai trouvé,
Ma vie a changé,
Et j'apprends beaucoup.

J'ai cru que l'heure avait sonné,
Mais tu-es si indifférent,
Ou du moins, méfiant ;
Pourtant je fais des efforts,
Pour te comprendre,
De respecter ton espace vital.
Mais ça ne va toujours pas,
Dis moi pourquoi !
Est-ce que je me trompe,
Ou est-ce que je mens ?
Suis-je entrain de me construire un film,
Vais-je cesser de courir un jour,
Vas-tu me suivre dans cette folie,
Vas-tu finir par m'accepter,
Et par m'aimer?

Comment?

Comment te prendre comme un ami,
Quand tu fais battre mon cœur ?
Comment aimer un autre,
Quand tu-as touché mon âme ?
Comment te dire au revoir,
Quand pour toujours j'espère te voir ?
Comment t'oublier,
Quand le passé est là,
Plus présent que jamais ?
Comment te dire stop,
Quand j'aimerais dire «go on» ?
Comment faire de toi mon histoire,
Si tu refuses d'être ma moitié ?
Comment faire semblant de t'aimer,
Quand je ne cesse de te regarder ?

J'aimerais Tant

J'aimerais tant,
Que mon amour soit un château,
Avec des tours plus hautes,
Que le vol d'un oiseau,
Pour que je puisse mieux te le décrire.

J'aimerai tant,
Que mon amour soit comme la glace,
Pour que cet instant se cristallise.

Mais hélas,
En cherchant à retenir cet instant,
Un peu de notre amour s'envole.

Comme Un Ange

Comme un ange tu-es arrivé,
Sûr de toi tu m'as parlé,
En peu de temps,
Tu m'as réanimé,
Et m'as fait voir les merveilles de la Terre.

Connaissance d'un jour,
Tu-es devenu ami pour toujours.
J'ai vu mon espérance en toi,
J'ai accepté l'Homme à travers toi,
Je t'ai voulu pour moi,
Mais tu n'es pas fait pour moi.

Comme un ange, tu-es venu,
Tu m'as délivré,
Tu m'as transmis le souffle de vie,
Tu m'as aimé,
D'un amour pur et divin,
D'un amour éternel.

Un Mot

J'aimerais tant t'expliquer ce que je ressens,
Mais je n'y arrive pas.
Je me sens étrange,
Étrangère à moi-même
Dégoûtée par l'existence.

Depuis ton départ,
Ma vie a basculé,
Je suis devenue celle que j'étais,
En fait, je replonge,
Dans la merde d'antan.
Nul ne peut me comprendre,
Nul ne peut comprendre ce que j'endure,
Et toi, tu n'es plus là.

Je cherche une phrase,
Pour t'expliquer ce que je ressens,
Pas vraiment une phrase,
Quelque chose de court,
De très profond,
Je cherche un mot

Reste

J'ai longtemps erré,
Zig-zagué çà et là,
Cherchant l'amour,
Que j'ai finalement trouvé.
Mais un jour,
L'amour m'a blessé,
M'a brisé,
Puis traversé ma vie.

J'ai été patiente,
J'ai enduré en silence,
Durant des mois,
Peines après peines,
Toujours je l'avais dans mon cœur,
Lui, créateur de ma misère.

Je peux m'estimer heureuse,
Après tout,
Tu-as fait partie de ma vie,
Mais ce vide aujourd'hui,
M'oblige à te dire :
Reste.

J'Aime Me Souvenir de l'Amour

J'aime me souvenir de l'amour,
Comme on se souvient d'un jour,
Passé dans les bras de l'être aimé,
Qui rend notre Être animé.

J'aime me souvenir de l'amour,
Comme je me souviens d'un jour,
D'une nouvelle vie sans bonjour,
D'un beau rêve qui durera toujours.

J'aime me souvenir de l'amour,
Comme d'une vie sans douleur,
D'un matin sans couleurs,
J'aime me souvenir de l'amour.

Merci [2]

Le vouloir vivre dans ma vie,
Est né de notre regard,
Sans mon avis,
Tu as rattrapé le retard.

Je voudrais te remercier,
Pour ton affection,
Te dire que j'ai apprécié,
Le fait d'être avec toi,
Car pendant mes jours d'effroi,
Tu m'as sauvé des mains du froid.

Si Près De Toi

Le vent souffle si fort,
L'air soulève une poussière d'or,
Et dans mon cœur, s'endort ton souvenir.
J'ai si longtemps refoulé mes larmes,
J'étais si près de toi,
Sans pouvoir t'approcher,
Sans pouvoir te toucher.

Pourtant tu étais là,
Nos regards se fuyaient,
Tandis que nos cœurs dansaient,
Une valse rebelle.
Les fantômes surgissaient du passé,
Flottaient au-dessus de nos têtes,
Comme pour nous empêcher de nous aimer.

Mais j'étais si près de toi,
Que je n'ai pu résister,
Alors j'ai laissé éclater,
Cet amour fou pour toi.
Nous nous sommes aimés,
Et comme des prairies desséchées,
Nous avions tellement soif d'amour.

Mais le destin sans cesse nous séparait,
Nous n'étions pas prêts pour cet amour,
Nous ne comprenions pas les règles du jeu,
Nous n'étions encore que des enfants,
Avec qui, la vie s'amusait.

Mais sans toi,
Ma vie serait restée un éternel balbutiement.

T'aimer Toujours

J'ai fait preuve de patience,
Pour assister à la naissance de cette romance,
J'ai mis de côté, mon arrogance,
Pour que tu me donnes une chance,
De t'aimer d'amour,
De t'aimer toujours.

J'ai créé l'impossible,
J'ai accepté l'insupportable,
J'ai commis l'irréparable,
J'ai même inventé une fable,
Pour que tu me donnes une chance,
Une toute petite chance,
De t'aimer d'amour,
De t'aimer toujours.

T'avouer

Je voudrais te dire que je t'aime constamment,
Te l'avouer franchement,
Puisque je t'aime vraiment,
Mais comment le dire simplement ?

À travers ton visage couleur d'or,
Je perçois une image,
Celui d'un enfant qui s'endort,
Près d'une plage.
Tellement c'est beau,
Que je le ressens sous ma peau.

J'ai trouvé finalement,
Le moyen de te l'avouer simplement,
C'est le dire directement,
Et le dire innocemment

La Pratique

Avec toi, je voudrais réaliser ma pratique,
Mais tout est loin d'être technique,
Toi comique,
Moi antique,
Pourtant j'aimerais démontrer ma tactique,
La leçon de notre rubrique.

J'aimerais me surprendre,
Me regarder d'en haut,
Aller jusqu'à me surpasser.
Je voudrais apprendre,
À prononcer le «Oh».

Comme Une Phrase Inachevée

J'étais seule,
Gaie dans ma tristesse,
Derrière mon air joyeux,
Se cachait une infinie douleur,
Sous ce masque de gaieté,
Se morfondait l'ennui.
Au-delà de mes rires,
Se cachait bien plus qu'une souffrance.
À l'aube de mon audace,
Et de mon insolence,
Se tenait la peur de la vie.

Mon cœur était un tableau,
Où on ne pouvait que lire tristesse, souffrance et ennui,
Cependant, c'est grâce aux rêves,
Que je survivais.

Alors tu-es entré dans ma vie,
Vivant, calme, réservé, enthousiaste,
Affichant une joie de vivre,
Aimant les dialogues et les ami(e)s.
D'un coup de sourire,
Tu-as balayé mes craintes.

Ma vie, qui n'était qu'un joyeux orage ténébreux,
Traversée de temps en temps par des coups de soleils,
S'est vu transformée.

L'ennui et la souffrance,
Ont fait de tels ravages,
Dans le jardin qu'est mon cœur,
Qu'il n'y reste plus,
Que des fleurs fanées,
Qui grâce à toi,
Refleuriront,
Car j'ai foi que,
Tu achèveras la construction,
De la phrase qu'est ma vie.

Amour Brisé

Il m'a donné son amour,
Et l'a repris en retour,
Des jours j'en ai souffert.

Après tout je viens de lui,
Il est ma racine, je dépends de lui,
Je dois sans cesse pardonner,
Le remercier pour tout ce qu'il m'a donné.

Même si toujours je me sens blessée,
J'aimerais à tout prix oublier ce passé,
Qui m'a plongé dans cette obscurité,
Que j'ai finalement adoptée.

Ma Place

Je t'aimais et je t'aime toujours.
Mais tout d'un coup,
Sans crier gare,
Et sans trop savoir pourquoi,
Je me suis mise à pleurer.
Je ne saurais jamais pourquoi,
Et tu ne me diras jamais pourquoi nous en sommes là.

À quoi ça m'a servi de courir ?
Comment oublier qu'on s'est une fois aimé,
Qu'on s'est trouvé,
Et qu'on s'est exploré ?

Qui prendra désormais la relève
Pour combler mes rêves ?

Viens T'Unir

Grand cœur qui bat
Au-dessus de ma poitrine ci-bas,
Je peux t'entendre murmurer et te marrer,
Je peux te sentir t'arrêter et démarer.
Mon être est dans un état de convulsion,
Dans une immense confusion.

Je te cherche, toi mon âme,
Viens sécher mes larmes,
Viens pendant que je m'éveille,
M'emporter dans ton sommeil.

Viens m'apaiser,
Me couvrir de baisers.
Viens comme une pensée pure,
T'unir à mes lèvres dures,
Qui ont soif de tes caresses,
Soif de ta tendresse ...

Toi Mon Ange

S'il est vrai que sur cette Terre,
S'il est vrai qu'en cette ère,
Chaque être a son double,
Un être qui nous comble,
Alors je me permettrai de dire
De dire et le redire
Que j'ai trouvé mon âme-sœur.

Tu me complètes si bien,
Tu m'entraines vers le bien,
Tu pardonnes en tout temps,
Tu m'aimes tant,
Tu y crois,
Tu portes ta croix.

Je ne peux que t'aimer mon ange,
Et t'aimer d'avantage ...

Toi, Ce Cadeau

Toi, ce cadeau qui m'étais destiné,
Je t'attendais avec fort impatience.
Le paquet ouvert,
Tout s'est envolé :
Mon sourire,
Toutes mes espérances.

Au lieu de l'amitié,
L'hypocrisie, pas de fraternité,
Mais mésententes.
Mon rêve construit,
Est à jamais détruit.
Mon origine n'est plus évidente.

De souriante,
Tu m'as rendu fermée.
Je vis dans une constante méfiance,
Que les comportements m'ont inspiré,
Toi, ravisseur de rêves et d'espérances.

Je suis bien fière de mon origine,
Il n'en est pas de même de ma Terre,
À laquelle on reconnait bien ce spleen,
Qui a lancé mes derniers rêves en l'air.

Un Jour, Une Nuit

Un jour, Une nuit,
Je l'ai revu encore à minuit,
Mon ami, mon amour,
Mon homme que j'aime toujours.

Un jour, une nuit,
Alors que je mourrais d'ennui,
Tu m'as approché et m'a parlé,
Tous deux assis dans un coin de cet allée.

Un jour, une nuit,
J'ai entendu ce grand bruit,
Provenant du petit puits,
Qui ravitaille le village pendant la nuit
Je me suis levée subitement,
Mon cœur a battu lourdement,
À l'idée que tu viendras finalement,
Et je t'ai attendu nerveusement.

Un jour, une nuit,
Il est revenu à minuit,
Mon amour, ma vie,
Qui m'a redonné l'envie,
D'aimer jusqu'au bout.

Chaque jour, chaque nuit,
Quand arrive minuit,
Je me laisse rêver tendrement,
Je me laisse rêver librement

.

Remerciements!

Je tiens à remercier les personnes qui m'ont soutenu et aidé depuis les premières lignes, en pensant toujours à l'intérêt du Recueil.

Ceux qui m'ont accompagné et qui continuent de m'accompagner tout au long de mon parcours.

Un merci particulier à Martine Bollo, ma Relectrice et Correctrice.

Je vous remercie tous chaleureusement, mes chers lecteurs.

Du Même Auteur

La Rose Morose
Recueil de Poèmes (2011)

ISBN: 0-9836996-0-7
ISBN-13: 978-0-9836996-0-6

Imprimé aux États-Unis par CreateSpace

www.ingramcontent.com/pod-product-compliance
Lightning Source LLC
Chambersburg PA
CBHW060436090426
42733CB00011B/2298